MÉMOIRE

PRÉSENTÉ

A MM. LES DÉPUTÉS AU CORPS LÉGISLATIF

SUR LA CONSTITUTION

DE L'AUMONERIE DE L'ARMÉE

PAR

UN ANCIEN AUMONIER DE L'ARMÉE D'ORIENT

VERSAILLES

BEAU, IMPRIMEUR - LIBRAIRE

36, RUE DE L'ORANGERIE, 36

1871

Messieurs les Députés,

Au moment où vous vous préoccupez de la réorganisation de l'armée, me permettrez-vous d'appeler votre attention sur la nécessité d'en assurer le service religieux, en rétablissant l'aumônerie sur des bases solides et durables?

Fils et petit-fils de militaire; affectionné à l'armée comme tout descendant de la noblesse d'épée; en relation avec elle depuis son enfance par position de famille; appelé, en différentes circonstances, notamment pendant la guerre de Crimée, à rendre aux troupes le service de son ministère ecclésiastique; ayant suivi la fortune de nos soldats enfermés dans Metz, en qualité d'aumônier volontaire; arrivant d'Allemagne, où, depuis neuf mois, il donnait ses soins à nos soldats captifs, celui qui a l'honneur de vous soumettre, Messieurs, ces observations respectueuses, trouve dans sa conscience le droit d'affirmer qu'elles lui sont inspirées par un dévouement sincère et le désir passionné d'être utile à la France, à l'élite de sa jeunesse, à cette admirable institution, foyer d'honneur et de patriotisme, l'une de nos gloires les plus incontestées, l'armée française.

I

Le but du présent Mémoire serait d'examiner :

1° S'il n'est pas opportun de constituer l'aumônerie militaire pour les troupes de terre comme elle l'a été pour la marine ;

2° Sur quelle base elle devrait être constituée ;

3° Enfin, les obstacles pratiques que pourrait rencontrer l'exécution de ce projet.

II

La constitution d'une aumônerie militaire n'est point une innovation ; elle ne demande pas l'émission d'une loi nouvelle ; aujourd'hui, comme hier, elle n'a pas cessé d'être réglementaire et légale.

L'article 2 de l'Ordonnance royale du 10 novembre 1830, qui supprime les aumôniers de régiment, n'infirme pas la loi, elle la sanctionne, au contraire, en la modifiant.

Il est ainsi conçu :

« Il sera attaché désormais un aumônier dans les gar-
» nisons, places fortes et établissements militaires où le
» clergé des paroisses sera insuffisant pour assurer le ser-
» vice divin, de même qu'à chaque brigade lorsqu'il y
» aura des rassemblements de troupe en division ou corps
» d'armée. »

Et la volonté du Souverain est nettement confirmée par
a circulaire ministérielle du 28 novembre 1830, où il est
à MM. les Intendants des divisions militaires :

« J'appellerai d'abord votre attention sur l'article 2 de
» l'Ordonnance, ainsi conçu :

» *Il sera attaché désormais un aumônier dans les garni-*
» *sons, places et établissements militaires où le clergé des*
» *paroisses sera insuffisant pour assurer le service divin, de*
» *même qu'à chaque brigade lorsqu'il y aura des rassemble-*
» *ments de troupes en division ou corps d'armée.* »

« Par suite de cette disposition, vous aurez à vous con-
» certer avec MM. les Lieutenants généraux commandant
» les divisions, pour faire célébrer les messes militaires
» dans chaque garnison, conformément aux règlements en
» vigueur, et sauf les modifications que la nouvelle Ordon-
» nance peut exiger. »

Il n'entre pas dans mon sujet d'examiner pourquoi l'Ordonnance du 10 novembre 1830 n'a jamais été appliquée,
sauf en Algérie ou en temps de guerre. Il me suffit actuel-
lement de constater que la loi existe, qu'elle n'a jamais été
rapportée, que l'aumônerie militaire des troupes est admise
en principe, qu'en vous saisissant, Messieurs, de cette grave
question, je vous demande seulement d'exiger l'observation
de la loi.

III

Bien-loin d'être contraire à la liberté des cultes, la création d'une aumônerie militaire est, en quelque sorte, l'affirmation de la liberté religieuse.

Effectivement, nul, parmi les citoyens français, n'étant moins maître de ses mouvements que le soldat, il ne suffit pas de lui dire : Vous avez la liberté de vivre en chrétien, si vous le voulez; — il faut encore lui en donner les moyens. Retenu souvent à la caserne par une consigne austère, appelé fréquemment à la corvée, obligé de monter des gardes de vingt-quatre heures, il mène une vie à part qui ne lui permet ordinairement pas de prier en commun avec les autres fidèles, ni d'aller s'instruire avec eux de ses devoirs religieux et moraux; et l'État lui doit, à titre de stricte justice, une compensation nécessaire, un prêtre à part, des exercices religieux à part, la liberté d'honorer Dieu selon sa conscience, aux seuls jours et aux seules heures laissés à sa liberté.

Je citerai, à ce propos, ce qui se pratique dans la protestante Angleterre à l'égard des soldats catholiques.

D'après un rapport présenté au Parlement, les soldats au service de la Reine, sans compter ceux des régiments employés aux Indes, étaient, le 1ᵉʳ avril 1864, classés ainsi qu'il suit sous le rapport religieux :

Protestants de l'Eglise anglicane . .	109,760
Presbytériens (calvinistes).	20,798
Autres protestants	5,290
Catholiques.	58,508
Total.	194,356

Évidemment, les catholiques sont en minorité, et d'après la loi anglaise qui proclame la religion protestante religion de l'État, il semble que le Ministère de la guerre, après avoir assuré le service religieux protestant, pourrait se tenir pour parfaitement dispensé de s'occuper des catholiques.

Eh bien ! au nom de la liberté des cultes, l'autorité anglaise se regarde comme tenue à faciliter aux soldats catholiques la pratique de leurs devoirs religieux.

D'après la loi qui ordonne à chaque soldat d'assister, sous la garde d'un officier, aux services de sa religion propre, à moins qu'il n'en soit empêché par quelques devoirs militaires urgents, les soldats catholiques sont obligés d'assister à la messe, comme les protestants doivent aller au prêche, et les uns et les autres subissent un châtiment s'ils s'en absentent.

Dans leurs maladies, le chapelain est appelé pour les assister ; et si un colonel avait lieu de croire que l'un de ses soldats a été négligé pendant sa maladie, il devrait en rendre compte au secrétaire du Ministre de la guerre.

Les soldats catholiques en prison sont obligés d'assister à la messe, le dimanche ; de plus, ils doivent recevoir la vi-

site du chapelain, lorsqu'ils arrivent au lieu de leur déten-
tion, quand ils sont punis pour quelque délit commis en
prison, et de temps en temps pendant le séjour qu'ils y
font, et, enfin, lorsqu'ils quittent la prison. S'il n'y a pas
de chapelain militaire dans les environs, un autre prêtre
est appelé et rétribué pour accomplir ces devoirs.

Des livres catholiques, comprenant un « Manuel complet
de dévotion à l'usage des soldats anglais, » compilé par un
des chapelains militaires, Mgr Virtue, sont fournis par le
gouvernement sur la demande des soldats.

Telle est, en Angleterre, la manière d'interpréter la
liberté des cultes à l'égard de l'armée. On ne s'y contente
pas de signifier aux soldats qu'ils sont libres d'honorer
Dieu comme il leur convient, on leur en procure les moyens
avec sollicitude. On va plus loin, on conduit les soldats à
l'église, on les force à entendre, soit individuellement, soit
en masse des conseils et des instructions sur leurs devoirs
religieux. Et qui osera dire que, dans le second cas, l'Etat
abuse de son droit contre la liberté individuelle ? Quoi !
vous aurez le droit de prendre au fils du cultivateur ou de
l'ouvrier quatre, cinq et sept ans de ses plus belles années,
de lui imposer un service obligatoire qui va souvent jusqu'au sacrifice de sa vie; vous pourrez lui imposer la loi du
célibat; vous le contraindrez à la discipline militaire, à
faire l'exercice et des manœuvres sans fin, à apprendre à
lire et à écrire; quand vous aurez fait cela, vous prétendrez
et, avec raison, n'avoir pas attenté à la liberté du citoyen,
et on viendra me dire que l'Etat, tuteur de ces pupiles mo-
mentanément arrachés à leur famille, le général, chargé
de remplacer leurs pères et leurs mères, n'aurait pas le
droit de forcer ces jeunes gens à recevoir l'instruction religieuse et morale, au moment où des passions ardentes les

sollicitent au mal, obscurcissent leur intelligence et les en-
traînent vers tous les mauvais lieux.

On m'assure que le règlement des chapelains de l'armée
anglaise fut adopté aux État-Unis pendant la dernière guerre
civile.

L'Allemagne protestante n'a pas reculé devant cette conséquence forcée de la liberté de conscience. Elle a créé,
avec l'autorisation du Souverain-Pontife, un vicariat apos-
tolique spécial pour les soldats catholiques de son armée.
Pendant ces jours de douloureuse captivité, un aumônier,
parlant le français, fut attaché à chacun des tristes dépôts
où gémissaient nos soldats prisonniers. Celui qui a l'honneur d'attester ces choses devant vous, Messieurs, avait sol-
licité et obtenu la liberté de circuler dans toute l'Allemagne
pour porter à nos généreux captifs les consolations religieuses. Quand la garnison était trop nombreuse pour pouvoir la réunir en une seule fois, l'autorité militaire se prê-
tait à la corvée pénible de lui envoyer les hommes, trois
mille par trois mille, de deux heures en deux heures, de
sorte qu'à la fin de la journée il eût instruit et consolé douze
et quinze mille enfants de la France malheureusement
condamnés à l'isolement, à l'ennui, aux perfides conseils
de l'oisiveté pendant les semaines et les mois si prolongés
de l'exil.

Si je cite ces trois pays préférablement à d'autres, c'est
que leur conduite, à l'égard des soldats catholiques, est
plus significative que ne le serait, par exemple, celle du
gouvernement autrichien ou du gouvernement espagnol.

*

IV

Je n'insisterai pas sur l'importance qu'il peut y avoir, au point de vue national, à se préoccuper du moral de notre armée, ni sur l'influence qu'exercerait à cet égard un aumônier militaire bien choisi.

Vous êtes plus qu'édifiés, Messieurs, sur une question aussi élémentaire.

En dépit de nos avocats bavards et des haines révolutionnaires, les 400,000 jeunes hommes, que le sort appelle régulièrement sous les drapeaux, ne sont pas seulement l'une des gloires les plus pures de notre pays, ils forment incontestablement l'élite de la population de l'empire.

Sans parler de leur importance collective pendant les cinq ou neuf ans de leur service, quelle n'est pas leur influence individuelle dans la société ?

Choisis un à un parmi les vaillants et les forts, ils pèseront nécessairement d'un grand poids dans les destinées de la patrie.

De retour dans leur village, avec ce prestige de l'homme qui a noblement servi, qui a peut-être versé son sang ou s'est vu mutilé pour le service de tous, et dont les idées se sont élargies en voyant des horizons nouveaux, ils exerceront forcément une action sur la petite société au milieu de laquelle ils devront vivre.

Le grand nombre deviendront pères de famille; quelques-uns, les sous-officiers par exemple, entreront dans des administrations, où ils jouiront de quelque influence. L'Etat devra forcément compter avec eux.

S'occuper d'eux au moral, c'est donc travailler sur la portion la plus forte et la plus généreuse de la nation.

Sans aucun doute, le service militaire est une grande école, et jamais je ne souscrirai aux récriminations des détracteurs de l'armée.

Une forte discipline, une habitude de respect, le développement incontestable du sentiment de l'honneur, font à mes yeux, de l'armée française, une grande et noble école⸱ Si tant de jeunes gens se démoralisent, je ne crois pas que ce soit la faute de l'institution elle-même, et je ne regarde pas le mal comme incurable.

Mais, il faut bien l'avouer, la discipline militaire, si utile qu'elle soit à la vertu, ne suffit pas à la produire et à la maintenir dans le cœur du soldat.

A l'éloquence malheureusement trop persuasive des passions juvéniles, il faut une autre réponse que celle de l'autorité, qui dit : Je vous défends de leur obéir. — Il faut la voix de la religion, qui dit : N'obéissez point en esclaves, mais par conscience. Aimez votre devoir ; aimez la soumission ; aimez l'ordre !

Combien l'armée ne serait-elle pas et plus grande et plus forte, si la voix de la religion, entraînant la majeure partie des cœurs, faisait faire au grand nombre, par un sentiment de conscience et de devoir, ce que le soldat sans religion, sans moralité et sans conscience, exécute par contrainte, obéissant fatalement à la loi du sort, regimbant toutes les fois qu'il le peut sans courir trop grands risques, et reculant à peine dans la rébellion contre des châtiments fort graves !

Or, qui enseignera ces choses à nos jeunes soldats, si aucun prêtre n'en est spécialement chargé ?

Que de malheurs éviterait à une foule de jeunes gens la pratique religieuse !

Croit-on que l'influence calme et continue de la religion n'en détournerait pas un grand nombre du chemin glissant qui les mène aux conseils de guerre, aux compagnies de discipline ou aux travaux publics ? Que de fois un coup de tête serait arrêté par un bon conseil ; ce triste coup de tête qui, de conséquence en conséquence, mène à l'abîme un jeune homme qui fût resté bon sans ce premier pas fatal !

Or, ce conseil, à qui le demander ?

A un chef contre lequel, à tort peut-être, mais enfin contre lequel on est irrité ?

A un prêtre quelconque, qu'on ne connaît pas, dont on n'est pas connu, dont il faudrait deviner la demeure, et avec lequel on devrait entrer en relations pour la circonstance ? Ni l'un ni l'autre de ces moyens n'est praticable.

Un aumônier, au contraire, est un homme officiel, connu de tous, avec lequel tous ont droit d'entrer en communication, qui peut donner un bon conseil, parce qu'il connaît la vie du soldat et qu'il inspire confiance ; parce qu'on le sait en dehors de toute administration, incapable de punir, et sans parti pris pour aucun des mille intérêts qui se croisent et se heurtent nécessairement dans une grande réunion d'hommes.

Or si, comme je l'entends dire, Messieurs, votre intention

est d'établir le service obligatoire pour toute la jeunesse de France sans exception, combien les réflexions que j'ai l'honneur de vous soumettre acquièrent-elles de valeur nouvelle?

On dit : A quoi bon un aumônier? Le soldat qui veut faire ses devoirs le peut toujours.

Cette parole, heureusement, ne tombera jamais des lèvres de l'homme qui appartient à l'administration supérieure; elle ne peut échapper qu'à des subalternes sans grande portée de vue et sans cœur. Elle a quelque chose de cruel et de singulièrement dédaigneux ; elle ne suppose guère la connaissance du cœur humain.

Le devoir, et le devoir religieux, c'est-à-dire la parfaite obéissance à sa conscience, sont-ils donc chose si facile à exécuter?

Puisque, de l'aveu de tous, la voix du mal est si entraînante, il faut bien convenir que, pour remonter le cours de ses passions, s'élever du naturel au surnaturel, faire abstraction des sens au profit de l'esprit, le pauvre jeune homme, que vous avez arraché à sa famille et soustrait à l'influence bienfaisante de ses parents, a besoin de trouver un aide sur sa route, et plus encore, une excitation vers le bien.

Lui dire brutalement : Fais ton devoir, parce qu'il est absolument possible, — c'est méconnaître la faiblesse du cœur humain ; c'est lui jeter un défi plein de sarcasme et d'ironie.

A l'homme qui parlerait ainsi, pour empêcher l'exécution de la mesure proposée, je répondrais : Si vous ne vous sentez pas au cœur un peu de pitié pour le pauvre enfant que le sort jette entre vos mains, presque désarmé contre ses passions, ne vous opposez pas du moins à ce que d'autres lui prêtent le secours d'un dévouement dont vous vous avouez incapable.

Voici une jeune recrue. Cet enfant de vingt ans quitte son village à l'âge des plus fortes passions. La présence de ses parents, l'influence de son curé, un sentiment d'honneur le retenaient dans le bien, ou du moins le préservaient de tristes excès. Il arrive au régiment, seul, sans conseil, avec de longues heures de loisir dans certains corps, libre de contrainte morale et de surveillance, témoin d'exemples souvent pernicieux ; entraîné dans les cabarets ou les mauvais lieux par désœuvrement, par ennui, eu seulement par fanfaronnade, que voulez-vous qu'il lui advienne ? Il déclinera presque forcément ; bien heureux si, à la fin de son congé, il n'est pas devenu tout à fait mauvais sujet !

Si vous ne voulez pas qu'il se perde, envoyez-lui quelqu'un qui lui tende la main, l'accueille à son début, l'encourage, le soutienne et ranime son cœur contre la faiblesse ou l'entraînement.

VI

On dit encore : Le clergé des paroisses suffit à aider le soldat dans la pratique de ses devoirs religieux, et dès lors la création de l'aumônerie militaire ferait un double emploi.

A cela je répondrai comme tout à l'heure : absolument parlant, le clergé paroissial suffit, comme absolument parlant le soldat qui veut faire son devoir le peut toujours.

Sans doute, s'il est parfaitement déterminé à se maintenir dans la pratique religieuse, le soldat qui cherchera bien, finira toujours par y réussir à peu près ; mais, il faut en convenir, la condition du militaire le met toujours dans une situation plus difficile que celle de tout citoyen français.

Les offices religieux d'abord lui sont assez souvent inaccessibles.

Le clergé paroissial règle ses offices dans l'intérêt du peuple et de la bourgeoisie, sans égard aucun aux intérêts et aux besoins de la garnison.

C'est dans l'ordre ; je ne-m'en plains pas ; je constate seulement que le soldat est en dehors de la sollicitude du clergé paroissial.

De plus, si je considère les singulières traditions de l'armée, je trouve que le dimanche, jour spécialement réservé aux devoirs religieux, est souvent moins libre pour le soldat que les autres jours.

Tandis que tous les grands corps de l'Etat, les Chambres, les Ministères, les Tribunaux, les Administrations de toute espèce suspendent leurs travaux le dimanche; dans l'armée, au contraire, les inspections et les revues se passent ordinairement ce jour-là.

Et on a beau dire qu'elles n'occupent pas toute la journée : par le fait, la matinée est rarement libre; et les offices essentiels se font le matin.

Que m'importe que la revue soit fixée de midi à deux heures? Le soldat n'en est pas plus libre le matin. Souvent la caserne est consignée, et ne le fût-elle pas, lorsqu'un pauvre homme a travaillé toute la journée de la veille à astiquer, à fourbir, à brosser, il s'expose en sortant à détruire tout le fruit de son travail et à paraître à la revue dans une tenue qui lui vaudra une punition.

Et puis, la cérémonie religieuse qui consiste à entendre la messe n'est pas tout; et si c'est un devoir essentiel, ce n'est pas le seul.

Le peuple a besoin d'être instruit de ses devoirs, et le soldat plus que tout autre, à cause de son isolement. Dans la position exceptionnelle qui lui est faite, il faut au jeune soldat des instructions spéciales, des conseils spéciaux, une direction enfin, qu'il ne trouve pas dans les exercices généraux de la paroisse. Est-ce que la parole d'un prêtre qui fait le prône à de tranquilles bourgeois et à des femmes timides, est bien celle qui convient à de jeunes soldats?

Autre genre de vie, autre sorte de détail; autre société, autre ton.

Le soldat s'ennuiera au prône de la paroisse, parce qu'il comprendra qu'on ne parle pas pour lui.

Les instructions d'un aumônier militaire présenteraient, on n'en saurait douter, un autre intérêt à son auditoire, et sa parole aurait une toute autre portée.

Mais l'instruction donnée en commun ne suffit pas. Aux conseils généraux doivent s'adjoindre ces entretiens intimes plus nécessaires encore à l'homme sans étude pour l'aider à réfléchir et à s'appliquer à lui-même les enseignements de la doctrine.

Ici encore, le clergé paroissial est insuffisant, parce que, absorbé comme il l'est par ses travaux et ses relations avec ses paroissiens, il a peu de temps, et souvent il n'en a point du tout à consacrer aux soldats.

De plus, les prêtres des grandes villes n'ont point une habitation accessible comme le presbytère du village. Où les trouver dans ces appartements garnis qu'ils occupent au sein d'une maison qui abrite plusieurs autres familles?

Une certaine timidité retient l'homme du peuple qui ne sait guère ce que c'est qu'une visite dans une maison bourgeoise. Que fera-t-il, si le curé de la paroisse a dans son salon des personnes de distinction en visite? Vous répondez qu'il en sera quitte pour revenir. Croyez-vous que cela lui soit si facile? Hier, une visite de distinction l'a empêché d'entrer; aujourd'hui, le prêtre qu'il va voir, est retenu à l'église; demain quelque autre obstacle; pour peu que la timidité s'en mêle, le pauvre garçon n'osera plus revenir.

Un aumônier, au contraire, aurait une habitation fixe et

connue de tous, des heures réglementaires où on le saurait abordable, et tout le temps nécessaire pour s'occuper de ceux qui iraient à lui.

Enfin, une dernière raison rend difficiles les rapports du soldat avec le clergé paroissial.

Beaucoup d'ecclésiastiques tiennent le soldat en une sorte de suspicion et ne se prêtent pas toujours volontiers à son service.

La raison en est simple.

Tout métier demande un apprentissage, et les débuts du ministère ecclésiastique sont fréquemment un métier de dupe.

Plein de zèle, un jeune prêtre sans expérience témoigne de son désir d'être utile aux soldats. Le plus souvent, retenus par la timidité, les honnêtes garçons hésitent à répondre à ses avances. Viennent les loustics et, disons-le, les hypocrites. Ces mauvais loups prennent la peau de la brebis, s'insinuent dans les bonnes grâces du jeune ecclésiastique, qui se fie aux apparences, simulent la piété, ne reculent pas devant le sacrilége pour obtenir je ne sais quels secours temporels. Un jour, une triste expérience ouvre les yeux du prêtre, il comprend qu'il a perdu son temps, mal placé son argent, qu'il a été trompé ; et alors il passe d'une confiance illimitée à une défiance injuste qui englobe l'armée tout entière.

Il a connu de mauvais soldats, il est tenté de croire que tous leur sont semblables et que le meilleur ne vaut rien.

Evidemment, il faut au soldat un prêtre qui ait l'habitude de ce genre de ministère, assez d'expérience pour faire la part des premières difficultés, et la confiance prudente d'un homme qui est au niveau de son affaire.

VII

Dans l'intérêt de l'administration militaire elle-même, il importe de ne pas laisser au hasard le service religieux des troupes, et d'avoir des hommes responsables devant la double autorité militaire et ecclésiastique.

Il serait facile de constater qu'en beaucoup d'endroits, « le clergé des paroisses est insuffisant pour assurer le ser-
» vice divin, » et que ce serait le cas d'appliquer l'article 11 de l'Ordonnance Royale du 10 novembre 1830.

Sans dresser ici une statistique inutile, je donnerai pour exemple la lettre adressée du grand quartier général de Nancy, le 19 avril 1868, par Son Excellence M. le Maréchal Bazaine, aux Généraux placés sous ses ordres.

« Il m'a été rendu compte qu'un certain nombre de mili-
» taires se plaignent de ne pouvoir assister le dimanche à
» la messe.

» Afin de permettre à tous les hommes de suivre les
» exercices du culte, je vous prie de vous informer dans les
» diverses garnisons de votre division, s'il s'y trouve un
» aumônier pouvant dire à l'hôpital une messe basse à
» laquelle les militaires qui désireraient l'entendre se ren-

» draient librement, isolément et, bien entendu, sans qu'au-
» cune pression fût faite pour les y conduire. Cette messe
» serait dite à une heure choisie, de telle sorte que les
» hommes fussent débarrassés, avant ce moment, de toutes
» les obligations de service. L'heure de onze heures serait
» peut-être la plus convenable. Dans le cas où il ne se trou-
» verait pas dans la place un aumônier d'hôpital, vous vou-
» driez bien prescrire aux autorités militaires de s'entendre
» avec l'autorité ecclésiastique, qui pourrait désigner un
» prêtre pour dire une messe spéciale dans une église dési-
» gnée à cet effet.

» Il est essentiel que, dans les garnisons, les hommes sa-
» chent qu'à telle heure, à telle église, une messe basse
» sera dite particulièrement pour eux chaque dimanche, et
» afin qu'aucun obstacle ne les empêche d'y assister, je
» vous prie de donner des ordres avant l'heure qui sera
» fixée pour la messe des militaires. »

Cette dépêche constate à la fois la difficulté, pour les troupes de l'armée de Nancy, de satisfaire à leurs exercices religieux dans les paroisses, la nécessité ou du moins la très-grande opportunité de faire célébrer un office exprès pour les hommes de la garnison ; enfin, l'embarras de trouver des prêtres pour satisfaire à cette exigence.

Pourquoi ne pas trancher la difficulté par l'application pure et simple de l'ordonnance relative à la création d'une aumônerie de garnison?

Mais le grand avantage de cette institution serait d'assurer à l'administration des hommes qui lui appartiendraient et seraient responsables devant la double autorité ecclésiastique et militaire.

La pratique journalière nous montre l'administration

dans un état de suspicion à l'égard des particuliers, prêtres ou laïques, qui s'efforcent de combler le déficit que laisse à l'armée le manque d'aumôniers militaires.

Un prêtre zélé, dans une ville, entreprend-il une œuvre sur une échelle un peu large en faveur de la garnison, l'autorité s'émeut ; on manifeste des craintes, et tout en maintenant le principe qu'on veut laisser pleine et entière liberté de conscience aux soldats, on paraît se tenir en garde contre je ne sais quelle influence dangereuse.

En 1863, il fut démontré que les troupes casernées dans les forts aux environs de Paris, étaient dans la presque impossibilité de remplir leurs devoirs religieux, et on obtint la permission d'y faire célébrer l'office divin. Ordre de la place pour en informer la garnison ; mais ordre restrictif et, jusqu'à un certain point, entaché d'odieux, car il renfermait cette clause formelle.

Les ecclésiastiques ne peuvent pas faire d'allocution aux troupes. (Ordre de la place de Paris, du 25 décembre 1863.)

Que veut dire cette restriction ?

Elle est manifeste, et, le 29 février 1864, elle est formulée de nouveau en ces termes :

« En exécution des ordres du ministre de la guerre, no-
» tifiés le 27 février 1864 par M. le maréchal commandant
» le premier corps d'armée, MM. les ecclésiastiques chargés
» du service religieux dans les forts et casernes extra-muros,
» sont autorisés à faire des exercices religieux aux appro-
» ches des grandes fêtes, en se conformant toutefois aux
» prescriptions de la circulaire de M. le maréchal comman-
» dant le premier corps d'armée, en date du 23 février 1860,
» et de la dépêche du 15 mars 1862, *qui interdisent toute*
» *allocution ou exhortation à la troupe.* »

Encore une fois, pourquoi cette restriction ?

Je sais bien qu'à force d'instances on obtint des pouvoirs plus larges et une autorisation ainsi conçue :

« En exécution d'une nouvelle décision du ministre de la
» guerre, en date du 7 mars 1864, notifiée le 9 du même
» mois par M. le maréchal commandant le premier corps
» d'armée, MM. les ecclésiastiques chargés du service reli-
» gieux dans les forts et casernes extra-muros, sont auto-
» risés à adresser à la troupe une courte exhortation pen-
» dant la messe, et à faire des instructions avec chants et
» prières, aux approches des grandes fêtes, et particulière-
» ment pendant le carême. »

Cet ordre modifie sans doute et corrige ce que les deux premiers pourraient avoir d'un peu odieux; mais je n'en constate pas moins les hésitations de l'autorité qui a peine à donner sa confiance.

Pourquoi donc se défier ainsi de la parole du prêtre? Est-ce que, en disant aux soldats : Rendez à Dieu ce qui est à Dieu, — il n'est pas obligé, sous peine d'infidélité, d'ajouter immédiatement : Rendez à César ce qui appartient à César? — Et, dans ce sens, ne se montre-t-il pas l'ami et le soutien du pouvoir?

Mais on se défie, je le sais, parce que derrière le représentant de la religion, on craint de trouver l'homme politique qui abuserait de l'influence sacerdotale au profit d'une opinion.

Quel meilleur moyen de concilier toutes choses que de régulariser la situation, en ayant des prêtres à soi, choisis par le ministre, après un mûr examen!

Je parle de la défiance de l'administration à l'égard de certains prêtres; que n'aurais-je point à dire si je devais mentionner les différentes associations d'hommes et de femmes, au zèle desquels sont dus ordinairement les exercices religieux établis dans les grandes villes en faveur de la garnison ?

Le plus souvent, ce sont les conférences de Saint-Vincent de Paul, des réunions de dames de charité, ou des ordres religieux qui, frappés du déficit, entreprennent, sans aucun caractère officiel, de convoquer la troupe pour lui procurer les facilités nécessaires à la pratique religieuse.

Nouveau sujet de suspicion de la part de l'autorité, que je ne veux pas blâmer, mais qui a fait prendre quelquefois des mesures un peu odieuses et l'a fait accuser de refuser aux troupes ce à quoi elles ont un droit absolu, en vertu de la liberté des cultes.

La création d'une aumônerie militaire et l'institution d'un aumônier de garnison couperaient court à tous ces inconvénients.

VIII

Comment devrait être organisée l'aumônerie?

La Restauration avait des aumôniers de régiment. Ce système ne paraît pas présenter les garanties nécessaires.

On s'en félicite cependant en Angleterre.

Dans ce pays, un décret de novembre 1858 constitue quatre catégories de chapelains. Les uns ont rang de capitaine, les autres de major, d'autres encore de lieutenant-colonel, et les premiers enfin de colonel. Ils reçoivent une commission royale, touchent les honoraires de la classe à laquelle ils appartiennent, acquièrent le droit d'une pension de retraite proportionnée à leur rang et à la durée de leur service.

On exige, avant de les admettre, une autorisation et un bon certificat de leur supérieur ecclésiastique. Ils suivent, de garnison en garnison, la troupe à laquelle ils sont attachés. Dans chacune de leurs résidences, ils sont immédiatement placés sous la surveillance de l'évêque local, qui peut les priver de leur juridiction s'il le croit nécessaire ; et, dans ce cas, sans entrer dans le procès et sans exiger aucunement les motifs de la sévérité épiscopale, le Gouvernement les raye de ses rôles et ils perdent leur rang officiel.

En France, l'exécution pure et simple de l'art. 2 de l'ordonnance royale du 10 novembre 1830 paraît répondre à tous les besoins, en temps de paix, et couper court aux difficultés.

Il serait à désirer qu'on o attachât désormais un aumônier dans les garnisons et places militaires, de même qu'à chaque brigade, lorsqu'il y aurait des rassemblements de troupes en divisions ou corps d'armée. »

L'évêque diocésain serait prié par l'autorité militaire de pourvoir au soin religieux des soldats en garnison dans son diocèse.

A cet effet le ministre de la guerre mettrait à sa disposition un ou plusieurs titres d'aumônier militaire selon l'importance numérique de la garnison et l'étendue du territoire où seraient disséminées les troupes.

L'évêque désignerait une église destinée aux offices religieux de la garnison. S'il n'avait pas d'église disponible, on consacrerait à l'exercice du culte une casemate, une baraque ou l'une des salles disponibles de la caserne ou du fort.

L'évêque nommerait les aumôniers, qui recevraient une approbation, un titre et des appointements du ministère de la guerre. Lui seul jugerait de l'opportunité de maintenir l'aumônier à son poste ou de l'en retirer, sans être obligé de justifier de ses sujets de mécontentement devant l'autorité militaire.

L'aumônier nommé par l'évêque, accepté par le ministre, ne pourrait être transféré d'un diocèse dans un autre sans le consentement des deux évêques respectifs et l'approbation du ministère.

De la sorte, la surveillance de l'évêque serait pour l'Etat une garantie de la fidélité du prêtre à tous ses devoirs ecclésiastiques, et, d'autre part, le ministère aurait un agent responsable pour veiller à tout ce qui pourrait se faire dans la garnison en matière d'instruction religieuse.

Il va de soi que, dans les garnisons insignifiantes où le nombre des hommes est petit, il suffirait de s'entendre avec le curé de la paroisse pour assurer le service religieux de la troupe.

Il y aurait, de plus, un aumônier en chef.

Cet aumônier jouirait, avec l'autorisation des évêques, d'une juridiction personnelle sur toute l'armée française. Il aurait son bureau au ministère.

Dans les cas ordinaires, il serait, auprès du ministre de la guerre, l'intermédiaire, l'aide, le soutien des évêques diocésains pour tout ce qui concerne le soin spirituel des garnisons.

En temps de guerre, ou bien dans les simples expéditions en Algérie, il devrait fournir des aumôniers aux corps expéditionnaires; et, dans ce cas-là, lui-même, avec la permission du Souverain-Pontife, leur donnerait la juridiction ecclésiastique.

IX

Une dernière question se présente maintenant : celle du budget et des traitements.

Je sais tout ce qu'elle a de délicat et de difficile à résoudre dans les circonstances présentes : je ne prétends pas lui donner une solution, mais j'en vois cependant une que je demande la permission, Messieurs, de vous proposer.

S'il paraissait impossible de trouver le moyen de faire un traitement aux aumôniers militaires des garnisons, pour un motif d'économie, je proposerais de commencer par établir une aumônerie à titre gratuit.

Une circulaire ministérielle annoncerait aux évêques que partout où il leur plairait d'organiser un service religieux pour la garnison, le ministre tient à leur disposition un ou plusieurs titres d'aumônier militaire non rétribué.

J'ai peine à croire que notre pays en soit réduit à cette extrémité plus qu'humiliante.

Quelle honteuse comparaison s'établirait alors entre l'attitude de la France catholique, et celle du Gouvernement protestant de la Reine d'Angleterre!

Tous les Chapelains catholiques anglais, nous l'avons dit,

reçoivent un traitement proportionnel à leur grade, selon qu'ils sont équiparés aux Capitaines, aux Majors, aux Lieutenants-Colonels ou aux Colonels.

Avant le mois de juillet 1858, la solde du prêtre catholique était inférieure de moitié à celle du ministre protestant. Le bon sens anglais a fait justice de cette iniquité, et la parité est aujourd'hui complète.

Tandis qu'en France, à l'heure où j'écris, une ordonnance ministérielle alloue une somme de cent francs par an aux prêtres de paroisse qui prendraient soin de la garnison, en Angleterre le même prêtre est rétribué à raison de dix schellings (12 fr. 50) par tête chaque année, lorsque le détachement est de 25 à 100 hommes; de trois schellings, s'i s'en trouve de 101 à 300, et de deux schellings par tête, quand il y a plus de 300 hommes.

En Angleterre encore, s'il est nécessaire que le prêtre célèbre la messe exclusivement pour les soldats, il reçoit en plus, chaque dimanche, la somme de dix schellings.

Mais j'admets l'hypothèse d'une impossibilité financière, quel qu'en soit le motif, et alors je demande la création d'une aumônerie militaire non rétribuée. Je ne suis pas chargé de parler ici au nom des Évêques et du Clergé de France, mais je ne doute pas qu'ils n'acceptassent cette condition plutôt que de laisser les soldats privés des soins religieux auxquels ils ont droit; et je réponds du dévouement du Clergé de France, il mendierait de porte en porte son pain de chaque jour pour répondre au vœu et a l'appel de ses Evèques.

Après tout, la création d'une aumônerie militaire à titre gratuit serait la consécration officielle de ce qui existe en beaucoup d'endroits. Combien de villes en France où les

Évêques, les Communautés religieuses, les Conférences de Saint-Vincent de Paul, les Associations de Dames de charité, ou bien seulement l'initiative d'un prêtre zélé ont établi l'Œuvre militaire !

Que le Ministère régularise cette situation en donnant un brevet d'aumônier de la garnison, et tout le monde y gagnera. L'existence de l'Œuvre sera assurée; on aura accordé aux soldats ce à quoi ils ont droit, et le Ministère se sera mis à l'abri des soupçons que lui inspirent toutes ces réunions de soldats et d'officiers, qui n'ont point un caractère légal.

X

Je termine, Messieurs, et je demande la permission de me résumer.

Ma supplique ne saurait avoir rien d'insolite ou d'illégal, elle ne peut être taxée d'innovation, puisqu'elle trouve son point de départ dans une ordonnance royale nettement expliquée par une circulaire ministérielle.

Je ne demande pas une loi nouvelle, mais l'observation d'une loi déjà existante, remise en vigueur et consacrée par e suffrage et l'autorité de la Chambre.

Je demande que l'ordre de la place de Paris, du 25 décembre 1863, qui informe la garnison de cette place du nom des ecclésiastiques chargés du service religieux des casernes ; aussi bien que les ordres de la même place, du 29 février et 10 mars 1864, qui autorisent des exhortations aux troupes pendant la messe militaire et des instructions aux approches des fêtes de Pâques ; aussi bien que les décisions du Ministre de la guerre, du 27 février et du 7 mars de la même année, soient applicables à toutes les garnisons de quelque importance ; que ce service religieux des casernes de Paris, et celui déjà établi depuis nombre d'année dans les chefs-lieux de plusieurs divisions ou dans quelques garnisons, soit reconnu officiellement.

Je demande que les prêtres chargés par leur Évêque d'un service religieux spécial auprès des troupes soient commissionnés par Son Excellence M. le Ministre de la guerre.

Je demande que l'aumônerie de l'armée de terre soit établie comme l'est celle de la marine.

J'abandonne la question budgétaire, parce que je suis bien sûr que le dévouement du Clergé trouvera le moyen de s'en passer, si on lui en fait une condition *sine qua non*.

Je plaide la cause de toute la jeunesse de France, la cause de la religion, de la morale, du patriotisme, de l'ordre et de la discipline, la cause sainte et trois fois sacrée de cette noble armée française, qui nous donne sa force, sa jeunesse, son sang avec l'héroïsme que vous savez, à laquelle nous devons, en retour, nous tous qui portons un cœur français, non-seulement la reconnaissance, le respect et l'admiration, mais la réciprocité de nos efforts, de nos sacrifices et de cet amour qui ne reste pas stérile mais se traduit par les actes d'un dévouement sans bornes.

Je veux croire, Messieurs, que, ainsi posée, ma demande ne paraîtra point extraordinaire ; je veux espérer qu'elle obtiendra votre acquiescement, et c'est dans cette confiance que j'ai l'honneur d'être,

Messieurs les Députés,

Votre très-humble et très-obéissant serviteur,

DE DAMAS, S. J.

Versailles, imprimerie BEAU, rue de l'Orangerie, 36. — 8956.